U0027628

賽雷三分鐘漫畫中國史

賽雷 著

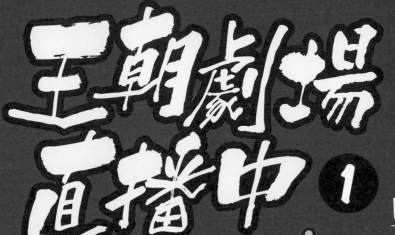

王朝劇場直播中 ①

【夏朝～春秋戰國】

目　錄

1
夏朝篇

大水「沖出來」的天下

🪨 一九五九年夏天，大批考古學家組隊來到河南省。

他們在偃師市二里頭村發現大量古代文明遺址，包含宮殿、村落、陶器。

📖 此消息一出，整個中國頓時都沸騰了，說這是最偉大的考古發現之一也不為過！

因為從年代和地點上來看：
二里頭遺址極有可能屬於中國最初的王朝 —— 夏朝。

二里頭遺址，根據推測，距今約三千八百年～三千五百年。

📖 很多古代史書的記載中，夏朝發源於今天的河南一帶。

河南省

🍤 但之前從沒找到過夏朝文物，很多學者都曾懷疑：夏朝根本不存在，只是古人虛構出來的而已。

🍤 學者們會有這種猜測並不奇怪，因為夏朝故事的開頭⋯⋯

🗿 上古時代，很多個部落一起生活在中原，他們會推舉一位共同的首領。

🗿 約在西元前二二〇〇年～前二〇九〇年間，舜擔任首領，後來中原爆發史無前例的大洪水。

於是，舜派出一個叫禹的人去治水。

禹的頭腦非常聰明，知道洪水只能疏，不能堵。所以他沒有一味地加高堤壩，而是疏通河道，把洪水引入大海。

他對治水的工作非常上心，凡事都自己帶頭做。

「三過家門而不入」的典故說的就是禹。

第一次路過家門時，他老婆在生娃娃，禹怕耽誤治水，狠下心沒進去。

第二次路過家門時，兒子在老婆懷裡向他招手，他也沒進去。

第三次路過家門時，兒子已經十多歲了，想拉他回家，禹只是摸摸兒子的頭就走了。

他花了十三年，終於為天下百姓平定水患，人們都尊稱他為「大禹」，意思是「偉大的禹」。

由於禹的能力強、民望又高，舜決定在死後把首領之位傳給禹，雖然他和舜沒什麼血緣關係……

這是一個很正常的操作，因為古代最早實行禪讓制。

君王會放眼天下的人才，選最合適的做為繼承人，而不是只在自己的子孫裡挑。

因為禹出身的部族叫夏，所以當他當了首領之後，國號正式改為夏。

🔖 但嚴格來說，此時此刻，夏朝沒有誕生，為何呢？

首先就得說說「王朝的定義」。

🔖 王朝是什麼？從歷史學的角度來看：
由一個家族世襲統治，其他人必須無條件服從，這就是王朝。

🔖 如果不出意外，等禹去世，他選的人當了首領，國號立刻就得改。
然而意外因素來了⋯⋯

還記得禹那個缺乏父愛的兒子嗎？他的名字叫做啟。

世上只有媽媽好！

啟

據說禹看人的眼光有點問題，選出的繼承者不太行。
反倒是啟的能力和品格都很好，於是百姓擁護他當首領。

大家看看我幫你們選的新領袖怎麼樣？

當然是我了⋯⋯

兒⋯⋯兒子⋯⋯

什麼玩意！

下去！下去！

啟大人！

啟大人！

那你們說要我選誰嘛！

當初你對兒子愛理不理，
今天的兒子你高攀不起！

當然還有另一種說法，啟直接篡位！
反正過程不重要，重要的是：權力的寶座第一次完成家族內交接。

很快又發生另一個關鍵事件：
有些部落堅守傳統，希望把禪讓制進行到底，於是反對啟當首領。

🍘 啟二話不說就帶兵打過去，號稱要「替天行道」。

🍘 雙方在今天的陝西血戰，最終啟大獲全勝。

這裡要再強調一下，以前部落間找理由打仗，要嘛你搶我家的地，要嘛我偷你家的羊……

而啟發動這場戰爭，單純是因為對方不服他管理。至此，王朝的要素終於湊齊了！

做為中國的第一個王朝，地盤其實很小。
　主要在河南、山西一帶，只有周邊的部落臣服於夏朝。

東邊更遠的地方還有九支敵對的部落，合稱東夷或九夷，形勢不怎麼樂觀。

禹很賢明，啟也不賴，但孫子輩的太康就比較貪玩。
他基本不幹正事，天天忙著打獵。

於是夏朝一天比一天衰弱，而東夷則逐漸壯大。
在一次歡樂的狩獵之旅中，太康被東夷的人抓走，告別自己的王位。

 從此東夷把持夏朝，史稱「太康失國」。

📖 之後的兩位君主中康和相，都是東夷扶持的傀儡，基本上等於「花瓶」。

📖 相有點骨氣，不想整天被人擺布，於是他找了個機會出逃！

📖 東夷立刻追殺過來，殺掉相的一家老小。
　　只有懷孕的妻子從狗洞逃跑，才僥倖撿回一條命。

📖 之後四十年裡，夏朝沒有君主在位，就是名存實亡的狀態。
　　幸好那個遺腹子還算厲害，他的名字叫少康。
　　少康在老媽的教育下，時刻記著鑽狗洞之恥。

🦪 他暗中召集仍然忠於夏朝的部族，積累力量發動反擊，趕走東夷人，重新登基。

🦪 本著斬草除根的理念，少康搶回地盤後，緊接著又對東夷發動戰爭。

🦪 這工作從他這輩，一直做到他兒子那輩。
　　父子倆的接力下，歷經二十多年，夏朝最終戰勝東夷。

而少康父子能打勝仗，其實也沒什麼祕訣，
就是空話少說，多給實在的好處！

各部族跟隨他東征，從東夷搶來的財寶可以自己收著，抓的戰俘可以留著
當奴隸。有好處，大家當然願意賣命！

少康父子統治的時代，夏朝基本上沒有什麼內憂外患。
勢力範圍大大擴張，一直延伸到東部沿海。

有這份基業在，後面的六位君主都沒遇上什麼難題。
只要你好好辦公不鬧事，國家就不會出亂子。

直到西元前一八八〇年，孔甲繼位打破了這份安寧。

📖 古人用八個字總結：「孔甲亂夏，四世而隕。」
意思簡單明瞭，孔甲搞亂夏朝，僅過四代就亡國。

孔甲

> 做君主，最重要的當然
> 就是玩得開心！

📖 孔甲沉迷於歌舞美酒，民間有什麼疾苦概不過問⋯⋯
還整天忙於和鬼神交流，甚至忘記祭拜祖宗！

> 各位兄臺覺得這個舞怎麼樣啊？哈哈哈哈！

> 大⋯⋯大王⋯⋯不⋯⋯不是只有您一個人在看嗎？

📖 孔甲這種破壞禮法的行為，激怒很多臣服於夏朝的部族！

據說他還熱愛養龍，當然不是真龍，後世分析可能是鱷魚。
手下要是沒把龍伺候好，他立刻就喊砍頭，非常暴虐。

孔甲在位三十一年，折騰了三十一年，夏朝逐漸失去人心。
最明顯的標誌就是，之後的新君主繼位登基，按理說各部族都該派人來祝
賀。但很多部族缺席，明顯是起了異心。

🗿 但對最後一任君主桀來說，這都不是問題。

據說他武力值高得嚇人，
能空手打豺狼，跑步賽過馬。

桀

🗿 桀這位「猛男」知道有部族起異心，就選擇用打仗的方法解決問題！
他連續消滅十幾個不服管教的部族，有時別人投降了，他還要殺人全家。

🥟 每次打了勝仗，他都帶一群搶到的美女回來，整日整夜享樂。

　　為了讓這麼多美女有地方住，桀還搜刮百姓的家產，建了金碧輝煌的宮殿，據說裡面的酒池大到能划船。

> 美人們！讓我們划船不用槳，全靠浪！

🥟 百姓自然恨他入骨，沒事就天天咒他死。桀聽聞了這事，笑著說：

桀

> 我就像天上的太陽！
> 太陽不死，我也不會死！

🥟 於是老百姓乾脆指著太陽罵，要太陽和桀同歸於盡。

但事實證明，立 flag 還是不行，殺掉桀可比除掉太陽要容易得多。

原來，夏朝的桀到處得罪人時，發源自東夷的商部族卻在首領湯的指揮下，到處攏絡人心，尋找其他部族結為同盟。

🏺 當桀醒了酒，注意到這件事，慌忙從溫柔鄉爬起來時，為時已晚。

由於商變得太強悍，連續十一場交戰中，夏朝一次又一次潰敗，大勢已去。

大……大王……我們十一「連跪」了……

看來昨晚的酒量還不夠啊，今天這麼早就醒了……嗝……來人吶！現在戰況如何？

什麼?!

🏺 西元前一六〇〇年，雙方迎來最終決戰，御駕親征的桀還是吃了敗仗。

你親自來也沒用！！！

K.O

🏺 之後，桀被放逐到窮鄉僻壤，再也沒回來過，夏朝從此滅亡！

隨著夏朝滅亡，商這個部族正式入主中原，
建立中國第二個王朝 ── 商朝。

🗿 夏朝做為中國第一個朝代，領土不是最大的，國力不是最強的，但存在的
意義是搭建一個名為「王朝」的舞臺。

之後的幾千年裡，無數支力量將登臺唱戲，幾十個家族成功當上主角。

唉……前人栽樹，後人乘涼……沒想到
我搭建的這個舞臺捧紅那麼多人！

🗿 他們譜寫的故事，有很多不相同的劇情。但夏朝從崛起到興盛，從衰落到
滅亡的歷程，卻是之後幾千年不斷重複的循環……

從第一個王朝裡，就能看出每
一個王朝都逃不過的宿命。

2
商朝篇

成王敗寇，紂王真的是暴君？

🍞 西元前一六〇〇年，一支叫商的部族推翻了延續四百七十一年的夏朝。他們成功入主中原，建立商朝，完成中國歷史上的首次王朝更替。

🍞 雖然沒成為第一個王朝有點小遺憾，但商朝對後世的影響同樣深遠！

例如商朝開幕的劇本就一直用了幾千年都沒換。

打垮夏朝後，商部族的首領湯召集全天下的部族開了一場會。

會議上，各部族都推舉他當大王，湯趕緊推辭說：

然後大家就說：

來來回回推了三次後，湯才「勉為其難」答應當大王……

🏺 其實湯就是演一演，客氣一下，至於為什麼要召開這個大會，各部族心裡還是有點數的。

要是太耿直，真推舉另一個人，估計大家都會被湯埋在會場。

兄弟，你剛才的馬屁拍得太到位了！

小命保住了就好……

🏺 之後中國每個新王、新帝上位，基本上都喜歡玩三次：

表示自己壓根「不想」登基，但大家都逼我登基，盛情難卻……

我說不要當，你們偏要我當！
我的命怎麼這麼苦喲！

這屆新王的戲有點過……

「戲精」啊……

商朝初期，還發生另一件大事：湯歸天後，幾個兒子也緊跟著離世。

於是他的孫子太甲繼位，他非常任性，把湯定下的規矩、法律一陣瞎改。

而且他很殘暴，對別人稍有不滿就亮出屠刀。

有這麼個「人才」掌權，眼看商朝就要成為「短命鬼」了。

一直跟隨湯的老臣伊尹，本來奉命輔佐太甲，看他實在是不爭氣，就直接把他放逐了。

太甲被關了三年禁閉，認真反思自己的錯誤，伊尹才把他接回來繼續當王。

　　痛改前非的太甲開始善待老百姓，認真聽取別人的意見，成為一代賢君。

有您這樣的君主，真是我們百姓的福氣啊！

伊尹因為做了這件事，受到後世大臣推崇。

伊尹

敢不聽話，就算你是天王老子，我也能把你廢了！

但大家出於完全不同的心態，有的大臣是佩服他救國家於危難之中。

有些野心勃勃的大臣則是感謝伊尹開了臣子廢君王的先例。

　　這樣他們只要隨便找點藉口，例如皇上無能（未必是真的），然後就能把自家皇上趕走。

　　於是哪裡有人討論謀朝篡位，哪裡就會出現伊尹的名字。

　　因為廢掉現任皇帝這種話不能明白說出來，所以陰謀家一般會委婉地講，我們來做一做「伊尹之事」。

當然這都是後話了，還是說回商朝吧！

太甲被伊尹放出來後，在王位上又坐了十二年才去世，之後由他的長子繼位，長子死後，他的次子繼位。

王位一會兒傳兒子，一會兒傳弟弟。主要是因為商朝人還在糾結，父死子繼和兄終弟及，到底哪個優先順序更高。

👄 而這份糾結也惹出大麻煩，因為當兒子的和當弟弟的，都覺得自己是合法繼承人。

👄 但王位就一個，怎麼辦？打架唄！

所以，從西元前一四〇〇年開始，商朝開始分崩離析。

王族成員為了搶位，多次爆發內戰，戰亂持續九任君王，史稱「九世之亂」。直到西元前一三〇〇年左右，第二十任君主盤庚上位。

> 這個亂世，還是要靠我來主持大局！

盤庚

盤庚很敏銳地發現，老百姓對誰當大王完全不感興趣，只關心大王給不給他們一口飽飯。

> 今日新王登基，特開倉濟民，一人限拿一袋！

> 大人，明天還有新王登基嗎？一袋不夠我吃啊！

> 求求你們天天都登基吧！

所以盤庚對老百姓體貼有加，寧可自己吃粗茶淡飯，也不隨便向老百姓要錢。
老百姓說幫他建個宮殿，盤庚卻讓他們先修好自家的屋子，宮殿的事不用急。

但對貴族，他毫不留情。

🫓 盤庚調教完貴族後，又做了一個重大決定 —— 遷都。

 之前的三百年裡，商朝已經數次遷都，每回運氣都不太好，
不是遇到戰亂就是天災，然後又搬，等於把家業推倒重來……

🫓 盤庚想找塊安寧富饒的土地，能把都城永久安置在那裡，而他相中的地方
就是殷（河南安陽）。

據說當時的殷土壤肥沃，氣候宜人，附近有林子、有湖，想打獵就打獵，想抓魚就抓魚。而且黃河氾濫也淹不到這裡，堪稱來了就不想走的地方。

之後二百多年商朝都待在這裡了，再也沒有遷過都，所以商朝往往稱為殷朝或殷商。

因為住的時間長，商朝人在這裡留下很多文物。

從一九二八年開始大規模發掘，到二〇〇二年還能不斷挖出新東西，其中包括十五萬片甲骨。上面刻有中國最古老的成熟文字 —— 甲骨文。

歷史學家從中發現近五千個單字，證明商朝人相當有文化。

殷墟的另一個重要發現就是各種青銅器，例如祭祀用的司母戊鼎。

司母戊鼎
現稱後母戊鼎，重達八百七十五公斤，帶有精緻花紋，意味著商朝的青銅冶煉技術，已經非常厲害。

🗣 但出土青銅器中占比最多的不是鼎，而是五花八門的酒具。

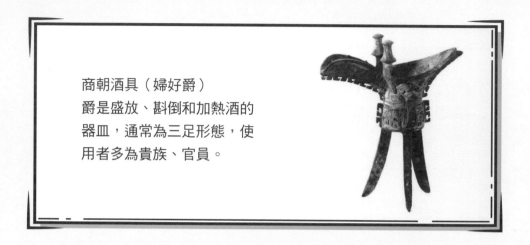

商朝酒具（婦好爵）
爵是盛放、斟倒和加熱酒的
器皿，通常為三足形態，使
用者多為貴族、官員。

🗣 盛酒的、倒酒的、喝酒的，造型樸素的、設計浮誇的，什麼樣子的酒器都
有。

🥟 既然說到商朝、酒、享樂，大家第一反應肯定是……

商紂王和酒池肉林！

🥟 拜《封神演義》的小說和電視劇所賜，商紂王絕對是商朝最出名的君主。
他暴虐無道，濫殺忠臣，寵幸美女蘇妲己，整天沉迷喝酒享樂。

大王！該上早朝了！

上朝？

是嫌酒不好喝，還是和妲己在一起不好玩？

🗨 姜太公、哪吒、楊戩一干人等，替天行道、為民除害。他們輔佐姬發起兵伐紂，最終滅掉商朝，建立周朝。

🗨 三歲小孩都知道這個故事，但故事不等於歷史，商紂王是被刻意抹黑的。

🗨 故事不完全等於歷史，商紂王不只有這些「黑歷史」。

帝辛起用很多有能力的平民當官，對無能又腐敗的貴族，哪怕是自己的親人，他也像掃垃圾似地掃走。

帝辛非常仁慈，之前商朝國土都熱愛殺活人祭祀，從考古發現來看，帝辛時代的活人祭極少。

在他的統治下，商朝的國力非常強盛，一點都沒有氣數將盡的樣子。

帝辛最大的功績要屬解決東夷問題。

帝辛花了幾十年時間，胡蘿蔔加大棒（軟硬兼施）一起用，最終讓東夷臣服。

🍘 但問題也出在這兒，因為商朝的精銳軍隊都在打東夷，老家沒人防守。

住在西邊的周部族，在首領姬發和大臣姜太公的指揮下，玩起了趁虛而入。

🍘 帝辛身邊沒兵可用，匆匆忙忙召集十七萬（一說七十萬）奴隸、戰俘，在牧野與周軍決戰。

📜 結果這些奴隸、戰俘臨陣叛變，讓帝辛一敗塗地。

📜 帝辛最後自焚而死，以身殉國，商朝也迎來了終結。

📜 中國有句老話叫「不興無名之師」，周朝人得把帝辛描述得可惡一點，這樣自己才有取代他的理由。

於是姬發給帝辛列了六宗罪：

酗酒淫佚、聽信婦人、遺棄親舊、任用邪佞、荒廢祭祀、相信天命。

然後管他叫商紂王，「紂」翻譯出來就是昏庸殘暴。

和我一起編編，還有什麼罪名……

姬發

但這些罪狀有點屬於沒事找事的那種，例如無能又腐敗的親戚，幹嘛要重用？有能力的逃犯只要改過自新，也是利國利民。

唉……荒謬啊！荒謬啊！

至於《封神演義》提到紂王喜歡建酒池肉林享樂，挖了忠臣比干的心等，都是周朝後才出現的說法。

很多歷史學家都認為，這些說法是後人為了突顯昏君形象而強加的。

所以商紂王在歷史中可能是：

一個挺有能力的君主

不小心露出破綻

被周朝人趁機滅了

被扣上各種黑帽子

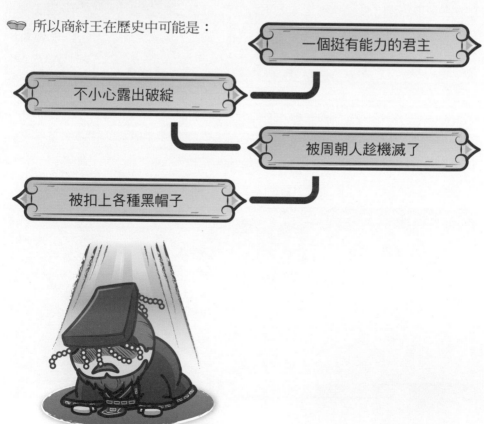

3
西周篇

和天子簽訂長期合約是什麼體驗？

帝辛，就是俗稱的商紂王，坐在空蕩蕩的宮殿裡，外面全是敵人的喊殺聲，他放了一把火⋯⋯

這一年是西元前一〇四六年，商朝的最後一年，周朝開端的一年。

📖 不久之前，周武王姬發趁著商朝大軍外出，帶人偷襲商朝的「大本營」。

📖 雖然計畫成功了，但姬發還無法高枕無憂。
　　因為商朝已經存在五百多年，人走了也不至於馬上茶涼。

📖 不管是中原的老百姓，還是住得遠一點的部族，大多還是忠於商朝。

🍡 周武王在種種壓力之下……

> 終於想出一個絕妙的主意
> ——分封制。

🍡 他把國土劃成大大小小的 N 塊領地，分配給三類人打理。
第一類，同姓親戚；第二類，異姓功臣；第三類，商朝後裔。

我為你出生入死這麼多年！
這都是我應得的！

虧你沒忘本！

不給我點好處，怕你是
不想安穩過日子了！

在周武王劃給你的地盤裡，收上來的稅可以自己花，手下的官員可以自己挑；還能擁有專屬軍隊，福利、待遇相當誘人。

而且這是份超長期合約，你死後，如果不出意外，子孫還可以一直擁有封地。

不過權利永遠伴隨著義務……

根據周武王要求，你要按時到都城去朝見他彙報工作，每年進貢。

發生戰爭時，你要出兵為周朝賣命。

這就是大名鼎鼎的「分封制」，和周武王簽下合約的人就合稱「諸侯」。

因為諸侯的權力極大，又是世世代代傳位……他們的領地其實就像小王國。

🍪 周武王這波操作也被叫做「封邦建國」，簡稱封建。

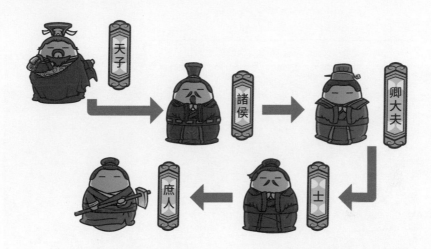

🍪 之後千年的歷史裡，封建制度都會繼續存在著⋯⋯慢慢在人們心中成為古代社會的代名詞。

說起古代一些陳舊的思想時，
往往習慣拿「封建」來形容。

🍪 但至少對周武王而言，「封建」是個很偉大的發明。

前面說過，商朝王室後裔也在諸侯之列。周武王叫他們召集商朝遺民，聚到一起建立諸侯國。

其實，周武王分給他們的地盤，基本上都在中間位置，被其他諸侯國團團包圍。

例如紂王的兒子武庚就分到商朝的舊都殷，旁邊全是周武王親戚的地盤，遠點的地方還有齊國，由商朝的老仇人姜太公坐鎮。

擺出這個架勢，周武王的意思已經很明顯……

把分散在各處的商朝遺民趕到一塊被包圍的地裡，你們願意老實過日子最好，要是有什麼非分之想，立刻就喊人滅了你！

🜛 而且諸侯們簽的又是長期合約，封地等於子孫的飯碗。

　　如果武庚真的打過來，對他們來說，這不僅是搶周朝的地盤，也是在砸他們家的飯碗，絕對會拚老命打仗！

🜛 但不幸的是，周朝建立僅三年後，周武王就去世了。

🜛 這對周武王來說未必是件壞事，因為後面的劇情能把他氣哭……

武王死後，兒子周成王繼位，他年紀小不懂事，所以做為叔叔兼重臣的周公旦代他管理國家，但說白了其實就是挾天子以令諸侯。

而周成王的另外二個叔叔，就是周公旦的兄弟，內心一萬個不情願……

於是他們帶著自己的諸侯國造反，史稱「三監之亂」。

🦴 他們不僅自己搞事，還叫上本該監視的武庚，帶上大批商朝遺民，勾搭外面的蠻夷。可謂把簽下的合約撕個乾淨，造反都造得轟轟烈烈。

🦴 說起來周公旦也是個狠人，這麼大動靜的叛亂，他只用三年時間就平定了。

🦴 武庚和周公旦那三個兄弟，死的死，逃的逃。

💬 這下沒人敢反對了，挾天子就挾天子吧，誰讓周公旦這麼能打呢？

💬 周成王長大後，周公旦就把權力還給他，還寫了一堆文章，告訴周成王不能貪圖安逸享樂，要好好工作、勤政愛民等。

相比有點囉唆的教條，周公旦很能打這件事，倒是給了大家更深刻的印象。周成王和後來的周朝君主，東南西北四方出擊。

經過幾十年的戰爭，周朝的疆域大大擴張。

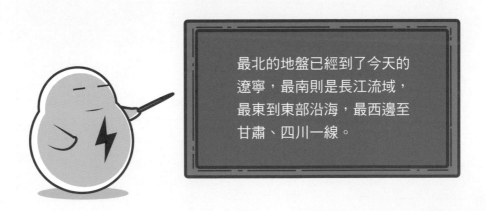

要知道之前的夏朝、商朝人，主要還是在河南省一帶生活。

中國廣袤的土地上，還有很多部族住在遠方，大家沒什麼往來，而周朝人就和他們產生了交集！

周朝每次打仗拿到地盤，會讓戰爭中的有功之臣統治這些地盤和人，並建立新的諸侯國，推廣周朝文化和制度。

當然，一直打仗也有隱患 —— 常在河邊走，哪能不溼鞋。

周朝第四代君主周昭王，帶大軍進攻湖北地區的「蠻夷」。

渡過漢江時，突然陰風陣陣，電閃雷鳴，周朝軍隊被嚇得四散而逃。

可是周昭王還不死心，湊了點人又打過去，還命令當地人替他造船渡河。

🔖 當地人恨透發起戰爭的周朝，直接給他整堆豆腐渣工程。

結果船開到漢江中央散開了，周昭王活活淹死，周朝將士也葬身魚腹。

🔖 有時打勝仗也不一定是好事……像周昭王之後的周穆王就招惹到很強大的西戎。

當時生活在周朝西邊的部族被統稱為西戎，生活條件比較艱苦，不願意向周朝進貢。

大臣們都勸周穆王寬容一點，不要為了錢傷和氣。但周穆王不聽，非要發兵攻擊西戎。

贏倒是贏了，但西戎只是被打殘而已，沒被徹底消滅。

🗺️ 他們始終對周朝懷恨在心，每週一、三、五、七過來搶劫，二、四、六上門騷擾。

兄弟們俐落點！見男人就打！見女人就搶！見兵就溜！

🗺️ 如果只對付西戎還好……

但在平時，周朝的東、南、北都在打仗，真的經不住這麼折騰！

於是周朝祭出和親戰術。

大王！您真的要……

既然這事因本王而起，本王就犧牲色相吧！

周朝的眾多諸侯國裡，西申國和西戎的血緣關係比較近，所以周天子娶了西申國的貴族千金為王后。

做為報答，西申國要去安撫西戎，讓他們別再鬧事了。

西元前七八一年，周幽王繼位，他的王后是西申國首領的女兒。

和眾多政治聯姻一樣，周幽王的婚後生活不怎麼幸福，據說這位王后非常剽悍，天天指著周幽王的鼻子罵。

而周幽王真正心愛的是美女褒姒。

🥮 根據《史記》的說法，為了逗褒姒開心，周幽王甚至點燃烽火騙諸侯來救援，不惜戲耍臣子也要博美人一笑。

🥮 後來周幽王還廢掉王后和她兒子，改立褒姒為后。

🥮 剽悍的原王后哪受得了這種氣，帶著孩子跑回娘家告狀。

🏛 西申國首領得知後暴怒，直接呼叫親戚西戎，聯手進攻周朝。

🏛 於是周幽王趕緊向諸侯們求援，讓他們履行合約的條款。

可能是諸侯們之前被戲耍過太多次，也可能是覺得周幽王不講信用在先，反正沒幾個諸侯願意出兵。

🍪 最終西戎攻陷周朝都城，殺掉周幽王。這場戰爭後，周朝的都城被毀得一乾二淨，剩下的周朝貴族紛紛往東邊逃。

父王！

別喊了，你爹沒了，你是周朝最後的希望！

🍪 以這件事為分界線，之前的時代被稱為「西周」，往後就是「東周」。

西周

東周

🍪 但「東周」這個叫法很少用……

這是一部壓根沒有主角的群劇，由諸侯和偉大的思想家們共同演繹，更響亮的名字就是——春秋戰國！

4
春秋篇（上）

齊桓公大哥風範，宋襄公實力「搞笑」

周幽王烽火戲諸侯，上演一場標準的玩火自焚，不僅失去祖傳王位，還丟掉自己的小命。

最重要的是，他還把周朝王室僅存的一點威望給消磨得一乾二淨。

導致他的兒子周平王雖然跑到其他地方建立東周，想要延續周朝大業，但他發現自己說話一點都不好使了。

🍪 諸侯們只是把周天子當成名義上的主子，其實已經各玩各的了。

地多、實力強的諸侯就是大哥，地少、實力弱的諸侯就是小弟，大哥教訓小弟根本不用看周天子的臉色。

🍪 東周初期有一百多個叫得上名號的諸侯國。

🥟 隨便走上幾十公里的路，就是一場說走就走的國際旅行，還不用現代人那麼麻煩的「簽證」。

🥟 這段時期（西元前七七〇年～西元前四七六年），根據孔子修訂的《春秋》⋯⋯

被歷史學家稱為「春秋時期」！

🥟 春秋時期，周天子的地盤只有洛陽城那一塊地方，雖然稱他為天子，但他的實權就相當於一個小諸侯。

真正的大老是那些兵強馬壯的大諸侯國，整個春秋時期，一共出現過五位公認的大老，就是大名鼎鼎的「春秋五霸」。

| 齊桓公 | 宋襄公 | 晉文公 | 秦穆公 | 楚莊王 |

下面就說說「春秋五霸」的歷史。

📖 第一個不得不提的就是齊國的齊桓公。

齊國的地盤位於現在的山東，是西周時周天子賞賜給功臣姜子牙的封地。

齊桓公

我的老祖宗可是大名鼎鼎的姜太公！

📖 齊桓公沒有丟老祖宗的臉，進行各種改革，大大提升齊國的實力。

📖 齊桓公很有大哥風範，每當有蠻族人來騷擾周圍的諸侯國時，他就會出兵幫忙，替自己積累很多的好名聲。

更加重要的是，齊桓公有一個高手輔佐，就是被世人稱為「華夏第一相」的管仲。

管仲

這世上就沒有我扶不起的人！

管仲能力非凡，無論是改革還是外交，都是他在齊桓公背後出謀劃策。可以說沒有管仲，就沒有強大的齊國。

管仲先生！有辦法了嗎？

我查查資料馬上就好！唉，做王背後的男人，可真不容易啊！

📖 更 bug＊的是，由於姜子牙當年的豐功偉績，強大的齊國還有周天子賦予的一項神級特權，就是可以名正言順地討伐有罪的諸侯國。

他……無敵了？？

多謝周天子賜我 buff†！

啊！我的眼睛！！

我……我到底創造了一個什麼怪物……

這……看來是要變天了！

📖 什麼叫有罪的諸侯國呢？你不向周天子上貢，你有罪，我打你；你對周天子沒禮貌，你有罪，我打你；你對周天子有謀反之心……

更沒得說了，必須打你！

＊ 原意為「臭蟲」、「缺陷」、「損壞」、「犯貧」、「竊聽器」、「小蟲」等。現引申為「有問題」、「有漏洞」之意。

† 遊戲中指「魔法」或「效果」。

📖 春秋初期，雖然大家都不是很把周天子當回事，但那時很講究禮儀。

📖 公開反抗周天子會導致自己在社會上的名聲不太好。
如果惹毛其他諸侯國，別人就會拿這些事做為藉口進攻你。

📖 而可以名正言順地利用這些藉口打人的就是齊國了。

西元前六五六年，齊國攻打一個小國時，和旁邊的楚國發生摩擦。
當時的楚國是南方最強大的諸侯國之一，也不是省油的燈。

打死你！打死你！

老齊！在我的地盤附近打我的人？

這麼不給我楚某面子的嗎？！

但齊桓公翻出陳年舊帳，說楚國某某年沒有上貢給周天子。

喲，這不是老楚嗎？我這個帳本上可記著你不少事呢！

要不要我幫你念給大夥聽聽？

到時別說要面子了，恐怕你小命都難保哦！

🗨 楚國連忙各種解釋，還勸齊桓公要以德服人，齊桓公這才打道回府。

老齊你誤會了！我是說您這種大國風範，當然是以德服人啊，打人這種粗活還是我來就行了！

嗯，這還差不多！

🗨 所以，齊國國力強，又有這個隨便打人的特權，成為沒人能管，也沒人管得住的大老。

有特權就是可以為所欲為！

沒看到齊桓公為你安排工作嗎？還不快去打掃乾淨！

🗨 西元前六五一年，齊桓公在自己國內一個叫做葵丘的地方，叫了一堆諸侯國來結盟開會。

🗨 他要求這些小弟要聽話，別整天亂打架，要打架也得聽他這個大哥指揮，史稱「葵丘會盟」。

🗨 就連周天子也派人參加這個會，等於承認齊桓公「江湖大老」的地位。齊桓公的事業達到頂峰，成為春秋時期第一位霸主。

🥟 不過這時的齊桓公，心態已經有點自滿了。

連天下共主周天子都來「拜碼頭」，齊桓公冒出稱王的想法。

🥟 那時只有周天子能稱王，其餘諸侯國的一把手最多只能稱公、稱侯。

🥟 但前面說了，春秋早期時，你不拿周天子當回事可以，但不能放到檯面上說。

就算強大如齊桓公，想要稱王也要非常慎重。

要知道，雖然那時的齊桓公是最強大老，但還沒有強到可以以一敵眾。

如果齊桓公稱王擠掉周天子，其他國家以保護周天子之名來圍攻齊國的話，齊國未必頂得住。

好在一直陪在齊桓公身邊的管仲，沒有被齊國的霸業沖昏頭腦，拚老命阻止這個危險的想法，齊桓公這才作罷。

這事成為齊桓公人生的轉捩點，雖然他放棄稱王的想法，但他的內心極度膨脹，後來變得非常昏庸無能。

🥮 晚年的齊桓公更悲慘，得了重病但還沒有咽氣，五個兒子為了奪權，開始拉幫結派爭奪繼承權。

🥮 齊桓公想要阻止兒子們內鬥，卻被他重用的小人軟禁。

他們禁止齊桓公出入房間，還在周圍建起很高的圍牆，不准外人隨意出入。

那時管仲已經死了，沒有人救得了齊桓公，一代霸主齊桓公後來竟然活活餓死了！

齊桓公死的那一天，五個兒子還在內戰，沒有一個人來替他收屍。
直到齊桓公去世六十七天後，暫時獲勝的那個兒子才把老爹的遺體下葬。

🍲 雖然結局悽慘，但齊桓公的歷史地位不容否認。

> 他是春秋時期第一位公認的霸主，
> 開創結盟稱霸的先河。

🍲 齊桓公死後，第二位霸主很快出現，就是宋國的宋襄公。

宋國距離齊國不遠，國力還算過得去，宋襄公覺得這是上天的安排，自己是天選之人，必須繼承齊桓公的宏圖霸業。

宋襄公

> 「天下第一」這個名號簡直
> 就是為我量身訂做的！

🍲 於是他學起齊桓公，搞了個諸侯會盟，昭告天下自己是新一屆霸主。

豎高點！一定要做得比當年的齊國氣派十倍！！！

但這個霸主呢，水分有點大……

🥟 稱霸後沒幾年，宋襄公打起南方大國楚國的主意。當時楚國的實力不容小覷，宋襄公的軍師勸宋襄公來個奇襲，否則勝算不大。

宋公！我們可以趁這時候來個偷襲！保證拿下楚營！

😶 但宋襄公認為自己要贏得大氣、光彩，要等楚國準備好了才開始進攻。

😶 楚國戰鬥力遠勝宋國，結果是楚國把宋軍打個落花流水。

🗨 宋襄公還被亂箭射中大腿，第二年就重傷不治歸西去見齊桓公了。

看到這裡可能有人會有疑問，
這麼搞笑的宋襄公，怎麼算是
「春秋五霸」之一呢？

🗨 其實在當時的人看來，宋襄公的行為不
僅算不上搞笑，反而是一種非常「有品味」
的仁義。

那時的戰爭，如果是堂堂正正的決鬥，會被認為是一件很光榮的事情。
宋襄公雖然輸了戰鬥，但贏了精神。

而且，雖然宋國沒有齊國、楚國那麼強大，但也算得上中等強國。
所以宋襄公還是獲得「春秋五霸」之一的稱號。

但宋襄公之後的三位霸主，就是實打實的三位狠人了。

踐土會盟的晉文公，獨霸西戎的秦穆公，問鼎中原的楚莊王……

晉文公　秦穆公　楚莊王

他們將為我們帶來更加精彩的春秋大戰……

5
春秋篇（中）

三個「惡霸」，誰能問鼎中原？

「水貨霸主」宋襄公去世後又過了一年，一個新霸主上線了。

西元前六三六年，晉文公即位，坐上晉國的第一把交椅。

前面的幾任霸主，都是些什麼水貨！

晉文公

比起秦國、楚國，大家平時可能對晉國的了解比較少，但不代表晉國是個不入流的國家。

恰恰相反，晉國建立在周朝的創建者周武王其中一個兒子的封地上，有著純正的王室血脈。

我的王室血脈覺醒了！！！

恭喜大王！！

恭喜大王！！

📖 晉文公和當時的周天子，從族譜上數還算親戚，晉國的地盤也在周天子附近。所以無論是要偷襲周天子，還是保護周天子，都非常方便，而晉文公選擇了後者。

📖 每當周天子有難時，晉文公就迅速地出兵相助，主要是想混一個好名聲。

👈 沒想到周天子非常感動啊！賜給晉文公一座又一座城池，給了他意外的收穫。

👈 除此之外，晉文公治理國家也是好手。
　　改革政治、發展經濟，國家的整體實力和領土範圍一樣蒸蒸日上。

此時齊桓公已經去世快十年，江湖上已經沒有大哥好多年。

誰能坐上龍頭椅呢？

支持晉文公的呼聲最高，但要想成為真正的霸主，還需要一些重要戰役來做底氣。

就在這個時候，楚國來送人頭了。

西元前六三二年，晉國為了保護其他國家，和楚國發生摩擦。

　　按照晉國當時的國力，完全可以直接和楚國開戰，但晉文公選擇全軍後退九十里。

為什麼這麼做呢？晉文公突然間怕了嗎？

當然不是！這裡時間得往回撥，
要簡單講講晉文公的身世。

晉文公年輕時其實很苦，本來身為晉國的王公貴族，可以天天吃香喝辣，但他的老爹娶了個後媽，改變了這一切。

晉文公的後媽叫驪姬，她可不簡單，為了讓自己生的孩子能夠上位，用盡陰謀詭計迷惑晉文公他爹。

後來她又勾結奸臣，把晉文公逼出晉國，令他在其他國家足足流亡十九年！

🦪 流亡的十九年間，晉文公在八個國家待過，這些國家有的覺得他是喪家之犬，對他的態度很不好；有的國家還是把他當成貴族，好吃、好喝地招待，例如楚國就對晉文公挺好的。

🦪 晉文公非常感動，表示如果有朝一日帶著軍隊和楚國槓上了，他一定會先後退九十里，來報答楚國的恩情。

就是這樣一個承諾，晉文公在若干年後真的做到了。

古代以三十里路為「一舍」，所以九十里路就是三舍。

這就是成語「退避三舍」的由來。

 要知道，在殘酷緊張的戰爭中，後退一步可能都會讓敵軍搶占各種先機，更何況晉文公後退了九十里。

報告大王，他們又又又跑了！

小的們，和我一鼓作氣拿下他們！

一退再退，對方肯定被我嚇破膽了！

誰知道晉文公的軍隊訓練有素，在逆風局裡打出了高水準，居然把楚軍打個落花流水。

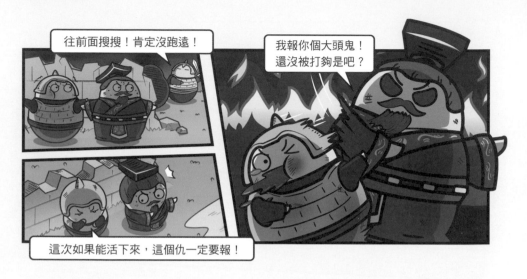

這一仗讓晉文公威名大增，成為霸主需要的東西都齊全了，接下來就是開「武林大會」。

晉文公在一個叫「踐土」的地方，召集七個國家結盟，史稱「踐土之盟」。

👑 而且比齊桓公的「葵丘會盟」更厲害的是，周天子這次不是派人參加，而是親自參加，給足晉文公面子，讓他的霸主位置坐得更穩。

天子駕臨！有失遠迎！

哇！天子竟然親自來了啊！

👑 不過，晉文公四年就去世了，他的霸業也煙消雲散。

大王駕崩啦！

👑 春秋時期即將迎來第四位霸主 ── 楚莊王。

風水輪流轉，今年到我家！

楚莊王

這裡有個很有意思的點，不知道大家有沒有注意到。前面說的齊桓公、宋襄公和晉文公都被稱為「公」，這個楚莊王怎麼就被稱為「王」呢？

其實和楚國的地理位置有關。

春秋時期，能嚴格算得上中原的地方只有現在的河南省。就算放寬標準，也只能再加上河北、山東等省分的部分區域。

大國裡，晉國、齊國才算比較正統的中原國家。

今天中國的大部分省分，在古代都屬於蠻夷之地。

　　楚國的主要領土大概是現在湖北、安徽這一片，也屬於南蠻之地。

　　楚國人不是很在乎所謂中原人的禮節，他們想稱王就稱王，才不管周天子同不同意。

 雖然文化水準確實低了點，但楚國人的戰鬥力可不低，他們經常為了擴張領土攻打中原，成為其他諸侯國要面對的常見大魔王。

 但到了楚莊王這一代，他覺得中原文化還是很厲害，一定要吸收過來，楚國才會更加強大。

楚莊王

這春……哦不……這中原文化，真是博大精深呀！

 於是楚莊王搞起改革，內政、法制、經濟都得到加強，楚國成為真正的強國。

西元前六一一年，距離齊桓公去世過去三十二年，距離晉文公去世過去十七年，中原已經沒有可以阻擋楚莊王的人了。

楚莊王一鼓作氣出兵，連續滅掉六個國家。

庸　麇　呂　州來　陳　蕭

楚莊王沒有見好就收，反而靠著自己的「南蠻」身分，做了一件其他諸侯國可能都想做，但一直不敢做的事情⋯⋯就是指揮大軍來到周天子的地盤。

楚南蠻，你這是什麼意思？這裡是天子的地盤，不要太過分啊！

沒什麼意思，我們沒文化的人就是這樣！

📖 楚莊王沒有直接攻打周天子的意思，反而是周天子嚇破膽，趕緊派人出城和楚莊王溝通，問一下到底是怎麼回事。

📖 誰知道楚莊王來這裡就是為了問一句話，就是——

📖 要知道，鼎在春秋可是權力的象徵。相傳古人造了九個鼎，代表華夏九州，從此九鼎就是傳國之寶，只有天子才有資格擁有。

🦪 理解鼎的含義，就理解楚莊王的意思。

就是楚莊王已經不把周天子放在眼裡，他認為自己才是天下第一，所以要來過問鼎的事情。

我看這個鼎年久失修，缺個愛護它的主子啊！

這件事就是「問鼎中原」這個成語的出處。

🦪 不過楚莊王知道，完全消滅其他國家前，就算他現在殺了周天子，擁有九鼎，有些國家還是會不服。

所以他打道回府，等有朝一日統一天下，再逼周天子退位也不遲。

於是楚莊王回到楚國，繼續加強楚國的戰鬥力。西元前五九七年，他再次進攻中原，並且打敗當時中原最強的晉國。

從此楚國的霸業達到巔峰，大家不再看不起這個南蠻之主，接納楚莊王成為新一代霸主。楚國也成為春秋時期地盤最大、人口最多、物產最豐富的霸主國。

不過可惜的是，楚莊王在稱霸後的第七年去世，無法實現一統天下的夢想。

🗨 楚莊王死後，各國又陷入混戰……

🗨 還有一位與其他四霸不同的霸主 —— 秦穆公。

我們不一樣！

秦穆公

秦穆公的秦國位於當時周朝的最西邊，屬於邊緣地帶，經濟不太發達。如果要向中原發展，首先會遇到強大的晉國，相當於以卵擊石。

既然去不了中原，秦國乾脆一路向西。

於是中原混戰時，秦國就悶聲發大財，將西邊的土地一塊塊收入囊中。

慢慢的，秦國的領土變得和強大的晉國、楚國一樣大了。
到了秦穆公這一代，秦國的實力已經不容小覷。

老晉、老楚，往旁邊讓讓，給我騰個位置！

雖然偶爾也參與中原的一些戰爭，但總體來說，秦國還是以自我發展為主。

更重要的是，我們都知道最後是秦國統一中華，結束春秋戰國的混戰。

秦穆公把秦國的實力推上一個新高度，為後人打下好的基礎，立下豐功偉績。

不過我們暫時不扯那麼遠，「春秋五霸」之後，雖然沒有再出現什麼新的霸主，但在文化領域，卻出現兩位巨人——孔子和老子。

中華文化即將迎來第一次史無前例的大發展！

6
春秋篇（下）

神仙打架，竟能造福天下？

美國最高法院東庭的門楣上，雕刻著三位世界級偉人，代表著宗教、法律和教育。分別是神性的先知摩西、古希臘政治家梭倫，還有中國春秋時期的孔子。

孔子，世界上最著名的中國人之一。曾被評為世界十大文化名人之首，在世界上最有影響的一百人中排名第五，身上的榮譽不計其數。

三人行，必有我師焉。

孔子

 這樣的一位偉人，究竟是如何成長起來的？

答案就在這一次要講的春秋結局篇！

 孔子其實是王族後代，他的十五世祖是商紂王的親兄弟。但後來商朝滅亡，到了孔子他爸這一代，就只是個小城主。

大商的基業難道最後會斷送在我手上嗎？

🫓 雖然和祖宗的地位無法比，但比老百姓強多了。

夫君整天愁眉苦臉幹嘛！沒有江山，你不是還有我嘛！

夫人說得是！我們這就回去多生幾個兒子！也算對得起列祖列宗了！

🫓 按理說，孔子一定擁有不愁吃穿的快樂童年。

其實恰恰相反，孔子的童年其實非常艱苦。

🫓 他爸早年一直都沒有兒子，正室連續生了九個女兒。

後來納妾，好不容易生了個兒子，卻是個腳有毛病的殘疾兒，這讓孔子他爸非常鬱悶。

於是孔子他爸在六十多歲時，又納了一個小妾，這才生下孔子。

老來得子當然很開心，但悲摧的是，孔子三歲時，他爸就去世了。

於是，孔子的媽媽就被正室瘋狂排擠，只好帶著孔子搬家，過上非常貧苦的日子。

但正是這段清貧的日子，讓孔子嘗遍世間冷暖，體會到底層老百姓的真實生活。

長大後的孔子希望能為人民謀福利，但他只是一個小官，能力有限。

他發現人民生活不幸福，主要還是因為禮法缺失。

🍘 沒有戰爭，社會才能安定，老百姓才能安居樂業。

> 這就是孔子「仁」和「禮」
> 思想的緣起。

🍘 仁，就是要有愛，做人品德要好；禮，就是要有禮法，社會要有制度。

🍘 這後來成為孔子各種理論的基礎。

由於孔子從小就喜歡學習，知識很豐富，上課又上得很好，想要上他的課的學生，經常排起長龍等候。

孔子宣導「有教無類」，就是不管什麼人──無論你是達官貴人，還是平民百姓，都有受教育的資格。

在那個年代受教育是一件很奢侈的事情，孔子這個思想具有劃時代的意義。

🥮 孔子宣導「因材施教」，就是根據每個人的長處進行教育。

🥮 既然教學思維這麼先進，孔子具體教了些什麼呢？
答案其實都在《論語》裡。

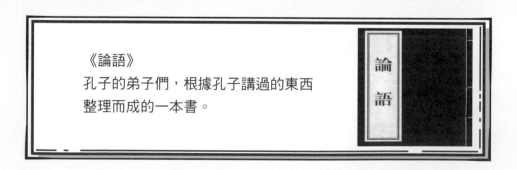

孔子教大家「己所不欲，勿施於人」，自己不想做的事情不要強迫別人。

孔子還教大家要「不恥下問」，如果有不懂的東西，不要不好意思向知識和地位都不如自己的人請教。

這些道理現在看來很簡單，但孔子說這些話的時候，可是二千五百年前啊！

🍘 在那個科技落後、戰火連天，老百姓飯都吃不飽的年代，說出這些先進言論的孔子……簡直就像外星人，一躍成為「春秋網紅」。

師傅能不能再快點！

孔老先生！我們愛您！

可以喲！但等一下要幫我簽名哦！

🍘 孔子的大名傳播開來，有多個諸侯國邀請他去當官。

🍪 但孔子內心最喜歡的還是生他、養他的魯國。

孔先生！我們王盛情邀請您去我國做宰相，王想和您每天一起探討哲學！

回去告訴你們王，要探討哲學可以隨時來找我！但要我離開生我、養我的魯國，我辦不到！

🍪 孔子五十多歲時，成為魯國大司寇，魯國的國力也不斷增強。

感謝孔大人為國家的付出！

老夫的一點貢獻不足掛齒，魯國能強大還是靠大家的努力！

而且就算做了大官，孔子依然保持學習的習慣。

　　他貴為「春秋網紅」，還特意跑去找另外一位大師切磋學問，這位大師就是老子。

　　老子當時是周天子的圖書館館長，學問造詣非常高。

　　但他的理念和孔子不太一樣，老子覺得任何事情都要順其自然、無為而治。

老子還被奉為道教的祖師爺，所以關於老子的記載，也充滿神話色彩。

相傳，老子的母親懷了八十一年身孕，從腋下將他產出，老子本人則是太上老君在人間的化身。

人法地，地法天，
天法道，道法自然。

老子

這些神話雖說是虛構的，但兩位聖人的史詩級見面會，肯定會碰撞出許多火花。

📖 孔子和老子誰更厲害，也是許多人一直爭論的事情。

> 雷雷覺得，兩位大師的理論方向不一樣，沒必要爭出高下。

📖 但老子淡泊名利的思想，至少讓他後半生不會像孔子一樣顛沛流離。

> 唉……孔兄你這份過人的才華，終究會害了自己呀……

📖 孔子回國後說見了老子受益匪淺，但魯國國君後來沉迷於尋歡作樂，與孔子的分歧愈來愈大。

孔子被迫離開魯國，依舊在尋找能讓自己大展拳腳的國家。但他的才能過於耀眼，一些國家官員害怕被孔子搶飯碗，就會排擠他。

當然，也有一些國君不太認可孔子的想法，覺得他的理論太理想化，一點都不切實際。

哈哈哈哈，孔老先生真是喜歡講笑話啊！

在下是認真的！不是在說笑！！

孔先生，走吧，我們大王對你的想法沒興趣！

孔子周遊列國十四年，去了十幾個國家，都沒能安定下來，最後還是回到魯國。

咦？

唉……

嗯？

這……最後還是回來了嗎……

再次回到魯國的孔子已經快七十歲了，沒有再當什麼大官，而是專注於教育和書籍整理。

他根據史官的記載，參與修訂一本史書，就是《春秋》。

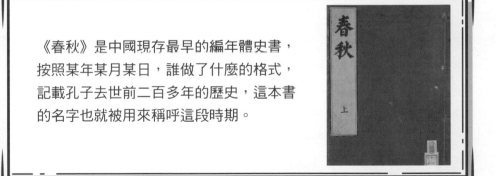

《春秋》是中國現存最早的編年體史書，按照某年某月某日，誰做了什麼的格式，記載孔子去世前二百多年的歷史，這本書的名字也就被用來稱呼這段時期。

過了幾年，孔子就去世了，據說他一輩子教過三千多名學生……

最得他真傳的有七十二個人，號稱「七十二賢人」。

這些傳人把孔子的精神發揚光大，發展成為完整的儒家學說，影響著中國直到今天。

孔子去世後不久，和魯國不太遠的晉國發生一個大事件。

當時的晉國已經不是由晉國國君的家族掌控，國君只是一個花瓶。

🦪 真正的權力掌握在趙、韓、魏三家世襲貴族手裡，他們的祖宗原本只是晉國高官，慢慢發展成幕後統治者。

🦪 由於趙、韓、魏三家的實力愈來愈強……就連周天子也不敢忽視，不得不冊封他們為正式的諸侯國。

於是，趙國、韓國、魏國成立，晉國名存實亡，史稱「三家分晉」。

三家分晉的意義在於，它標誌著春秋時代的結束。
戰國七雄「秦楚韓趙魏齊燕」，已經全部登場……

7
戰國篇（上）
百家爭鳴，嗷嗷叫的虎狼之師

📜 經歷春秋時代二百多年的搏殺，弱小的諸侯國基本上都被吞併消滅，擂臺上還剩下七個強者——齊、楚、秦、燕、趙、魏、韓，合稱「戰國七雄」，戰國時代也由此開啟。

📜 因為小國、弱國都差不多掛了，七雄的地盤已經接壤。

這就意味著他們無法再「虐菜」，如果想繼續擴張，必然會發生強者與強者的戰鬥，不是那麼輕鬆就能碾壓獲勝。

為了能活到大結局，戰國七雄相繼開始改革，想要完成富國強兵的夢想。

這老傢伙，不動聲色的，原來在偷偷學習！

改革當然需要人才來策劃及領導，各個流派的思想家們，就是我們所說的「諸子百家」，就業形勢突然一片大好。

招哲學家啦，包吃包住福利好！

招我招我！我的思想絕對開放！

七雄中最早覺醒的是魏國，因為他的地理位置決定了四面八方都是敵人，被包圍肯定感覺壓力超大。

西元前四四五年，魏文侯成為魏國國君，隨後立刻開始改革。

他深受儒家思想薰陶，孔子的學生，還有孔子學生的學生，都被魏文侯拜為老師。

魏文侯還把兵家的代表人物任命為主將，把魏軍培養成嗷嗷叫的虎狼之師。

將軍練兵果然有一套！

嗷嗚！

嗷嗚！

嗷嗚！

但對魏國影響最大的並非儒家和兵家，而是另一個流派 —— 法家。

魏國相國是法家的李悝，他認為禮儀仁義的學說只是聽上去很美，不能解決治國中的很多實際問題。管理國家大大小小的事務，還是得靠嚴明的法律。

李悝

大王，這些家家酒玩夠了沒，趕緊幹正事，把我這些法律頒布了！

他親自編寫中國第一部比較有系統的成文法典，即著名的《法經》。盜竊、傷人、謀反等行為的處罰，裡面都有詳細規定。

《法經》的某些規定，例如偷窺宮殿的人，會被挖掉膝蓋骨；在路上撿人家掉的東西，要被拖去砍腳。

🗨 雖然說《法經》中的手段非常殘暴，但魏國的治安確實很快就變好了。

🗨 除了管治安，李悝還管農業。

那時的田地分公、私兩種，公田收穫的糧食都歸貴族，所以農民被派到公田裡勞作時，往往都消極怠工。

李悝直接來了一招狠的，好好幹就免除勞役，偷懶直接罰做奴隸，於是魏國的糧食產量立刻飆升。

李悝又祭出另一個大招——影響非常深遠的《平糴法》。

豐收的年分，糧食價格太低，國家平價收購糧食，以免農民虧本。

歉收的年分，奸商天價賣糧，國家再平價出售糧食，以免農民被榨乾。

在李悝的加持之下，魏國的實力很快超過其他六國。

古代沒有 GDP 一說，我們看不了資料，
但打一打仗就能知道有多少斤兩！

 西元前四一三年，魏國攻秦，完勝，奪取秦國大片土地。
過了幾年魏國入侵中山國，完勝，徹底吞併這個小國。
此後魏國又與齊國、楚國開戰，結果還是完勝。

之前還為四面受敵苦惱呢⋯⋯
現在魏國只想說：天上和地下為何沒有敵人？

用挨揍這種方式，深刻體會到魏國的強大後，七雄中的其他六個紛紛走上改革之路。

他們的改革有個共同點：由法家的人才來主持。

　　例如被韓國重用的申不害，還有在齊國當相國的鄒忌……法家可謂混得風生水起。

倒不是其他流派不行，像春秋時期就興起的儒家、道家，在戰國時期依然很受歡迎。

只不過他們比較愛走理論派路線，通常負責講大道理給國君聽。

　　法家則是一幫行動派，上來就是修法律、訂制度，直接替你解決具體問題。不然國君學完大道理，還得傷腦筋想怎麼落到實處。

你講的道理我都懂，那具體該怎麼實施呢？

這就要大王自己琢磨了！

大王，這是我寫好的法律，直接頒布就行了！

還是你懂我！！

　　最早依靠法家崛起的魏國，自然成為法家的聖地，即使在李悝去世多年後，還是有無數人跑去求學。

魏國

魏

哇，我已經感受到了聖人的氣息！

約西元前三六〇年，當時的魏國相國病危。

他叮囑魏國國君說：「我有個侍從精通法家學說，重用他魏國會更強盛。如果不用，請務必殺了他，別讓他為別的國家效力！」

國君笑了，只覺得相國是病得神志不清，一個侍從而已，有這麼重要嗎？

國君既沒重用也沒殺掉這個侍從，把相國的話當耳邊風了。

估計國君也想不到，自己這個決定會改變魏國的命運，甚至改寫整個中國歷史。

這個侍從的名字叫衛鞅，不久，他收拾行李，懷揣著一本李悝的《法經》，來到隔壁的秦國。

秦國老闆秦孝公很賞識他，下令讓他主持變法。由於封地在「商」，他也被稱為商鞅。

魏國竟然把你這種人才拱手相讓！

秦國的變法你來主持！！

來！

衛鞅因為在**魏國**待過，吸收李悝的很多靈感，像是扶持農業發展，鼓勵老百姓拚命種地，他都搬到秦國來實施了。

特別是他制定的《秦律》，幾乎就是李悝《法經》的翻版，只是因為秦國民風剽悍，很難管，加了更多酷刑做為處罰。

當然，衛鞅也有很多創新之處，特別是和軍隊有關的方面。

他規定沒有軍功的舊貴族不再享受特權，而普通平民，甚至奴隸，都可以透過立軍功成為貴族。

以前秦國將軍對士兵訓話都是講：「大家要好好賣命，打贏了，就能過上好日子。」但士兵們心裡都清楚，打勝仗是將軍升官，自己還是回家種地，幹嘛那麼拚？保住小命就可以了。

但衛鞅直接給你搞績效晉升，把爵位分為二十個等級。

你砍下一個敵人軍官的腦袋帶回來，就成功邁入第一級。

等級	爵位	歲俸（石）	等級	爵位	歲俸（石）
1	公士	50	11	右庶長	550
2	上造	100	12	左更	600
3	簪褭	150	13	中更	650
4	不更	200	14	右更	700
5	大夫	250	15	少上造	750
6	官大夫	300	16	大上造	800
7	公大夫	350	17	駟車庶長	850
8	公乘	400	18	大庶長	900
9	五大夫	450	19	關內侯	950
10	左庶長	500	20	徹侯	1000

比起國家大義這種難懂的東西，衛鞅把帳算得清清楚楚，都是給士兵們實打實的好處，文盲也能看懂，自然會在戰場上全力以赴。

大家可能想問，萬一某些鹹魚壓根沒有發家夢，就想在戰場上划划水，怎麼辦？衛鞅這個狠人還留了一手呢！如果你投降或當逃兵，會直接被斬首，而親人都要被抓去做苦役。

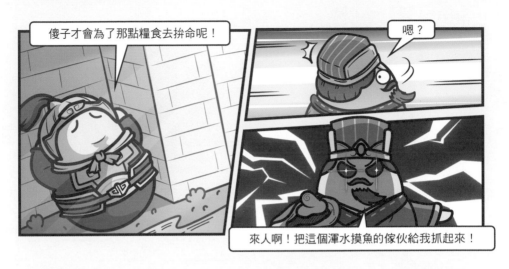

傻子才會為了那點糧食去拚命呢！

嗯？

來人啊！把這個渾水摸魚的傢伙給我抓起來！

被抓去做苦役往往意味著要被活活累死，你不要錢、不要爵位，自己和全家老小的命還是要的吧？

不過是碗大個疤！十八年後我照樣划水！

有骨氣！你家裡一共十八口人，我會幫你全都安排上的！

借用歷史學家的話來說，衛鞅的種種法令，讓秦國變成一部高效的戰爭機器。

🗨 西元前三四一年，戰爭機器開動了，測試對象正是之前揍過他的魏國。

　　秦軍入侵魏國西部，曾經不可一世的七雄之首，居然兩次被打得大敗，最終魏國只能割地求和。

受死吧！吃我一劍！！

求求你別再拔劍了！你要什麼我都給你！

哼！算你識相！

🗨 經此之戰後，魏國元氣大傷，再加上其他國家也已經進行改革，慢慢追趕上來，於是魏國的地位一落千丈。

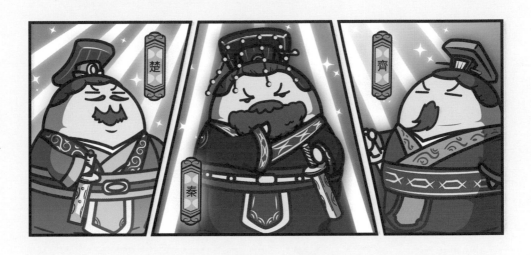

但擊敗魏國的秦國，無法立刻接過霸主之位。
東邊的齊國，南方的楚國，實力同樣很強！

此時的秦國人在盤算著……
齊國和楚國，先打哪一個比較容易呢？

先宰誰呢？

📖 但當時秦國並未擁有足夠稱霸的實力……

什麼稱霸，什麼攻齊攻楚，還是多花時間考慮怎麼樣才能讓自己不亡國吧！

📖 因為在未來的某一天，秦國將成為六國公敵……

享受被群毆的待遇！

8
戰國篇（中）
合縱一時爽，一直合縱一直爽

魏國重用法家變強後，其他國家紛紛開始變法。

三巨頭的腦袋想的全是怎麼稱霸天下，剩下四個國家則想著怎麼先保住自家的一畝三分地，將來的某天再稱霸天下。

對坐在寶座上的國君來說，爭霸像是在下一盤大棋。

但他們不知道，自己其實也躺在棋盤上受人擺布。

停！

誰讓你亂下的！不教訓你兩下，就搞不清自己的定位是嗎？

比起儒家、道家之類有名的流派，很多人可能壓根不認識縱橫家。
大家不熟悉也很正常，因為縱橫家太過神祕了。

別的暫且不說，它的創始人就神龍見首不見尾。

創立縱橫家的人叫王詡，籍貫不詳，身高、長相不詳，生卒年不詳，經歷也是不詳。傳說他修仙成功，已經活了幾百年，因為隱居在河南雲夢山鬼谷洞，所以得名 —— 鬼谷子。

雲夢山

鬼谷子是罕見的百科全書式奇才，天文、地理、歷史、醫學……無一不通。但他最厲害的地方在於擅長辯論和心理戰，又能洞悉天下大局。

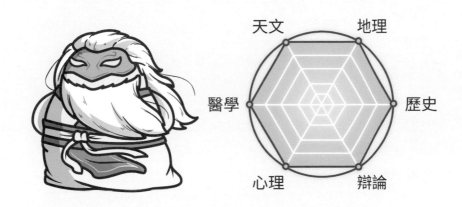

而縱橫家的成員，都是學習了鬼谷子技能的謀士。

不玩得那些君王團團轉，就不要說是我鬼谷子的徒弟！

徒兒謹遵師父教誨！

「縱橫」這麼厲害，到底是指什麼？

縱橫的全稱其實是「合縱連橫」。

代表著兩種截然不同的策略，是根據七國的地理位置制定，按南北分布的幾個國家劃分……結成縱向同盟，就叫合縱。

合縱一般就是右邊這些比較弱的國家，聯合起來對抗左邊最強的秦國。

按東西分布的幾個國家，搞個橫向同盟，就叫連橫。

連橫一般是最強的秦國，拉攏幾個中間的弱國，進攻其他弱國。

首先展現能耐的縱橫家叫公孫衍，他原本出生在魏國，卻跑到隔壁秦國當大官，還帶領秦軍進攻自己的故鄉，把魏國打到生活不能自理。

後來又有一個叫張儀的縱橫家，跑到秦國求職，他是鬼谷子的親傳弟子。

公孫衍離開秦國後，跑回老家魏國當大官。
是的，你沒聽錯！他不僅沒因為叛國罪被千刀萬剮，還受到重用⋯⋯

誰都不知道他是怎麼辦到的，
反正縱橫家就是這麼神奇。

可能是為了證明自己比張儀強，也是想讓秦國後悔，公孫衍發起戰國時代第一次合縱。他說服燕、趙、韓三國和魏國結盟，共同抵抗秦國。

自商鞅變法以來崛起的秦國，頭一次感到這麼大的壓力，於是決定先發制人攻打魏國。

🪨 事實證明魏國找了群酒肉朋友，沒人願意發兵救援，大家就這麼看著魏國遭到痛扁……

秦國人都被逗樂了，感覺合縱就等於烏合之眾，根本沒有什麼威脅。

🪨 但公孫衍沒有氣餒，除了之前四個酒肉朋友之外，他又拉攏了強大的楚國，浩浩蕩蕩朝著秦國攻了過去。

皮粗肉厚的秦國終於在這場戰爭中被打疼了，大敗後死傷慘重。

這下為秦國效力的張儀也坐不住了，趕緊前往各國遊說，瘋狂推銷自己的連橫策略，就是讓人和秦國結盟。

張儀使用的計謀包括且不限於威逼、利誘、吹捧、挑撥離間……

例如他對燕國國君說：「燕國參加的這個合縱聯盟裡，好像有幾個你的老仇人啊！和他們走在一起，小心背後遭捅刀！」

這麼哄來哄去，合縱的成員紛紛毀約，相繼決定服從秦國。

這樣一個聲勢浩大的同盟，張儀一兵一卒都沒用，只靠一張嘴就令它解體。

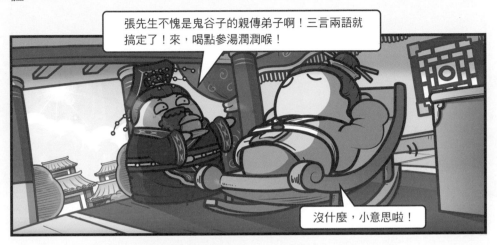

張先生不愧是鬼谷子的親傳弟子啊！三言兩語就搞定了！來，喝點參湯潤潤喉！

沒什麼，小意思啦！

公孫衍、張儀都是超級高手。

他們只要生氣了，諸侯就瑟瑟發抖；他們只要停手不玩，天下的戰火自然就停歇了。

停！暫停一下！

你搞什麼？怎麼老是暫停！

雖然隨著歲月流逝，公孫衍和張儀都相繼老去。

但他們留下的合縱連橫策略，卻成為戰國時代不變的遊戲規則。

西元前二九八年，齊、韓、魏三國第二次合縱攻秦。

經過幾年苦戰終於獲勝，秦國被迫割地求和。

📖 眼看形勢大好，同為鬼谷子門生的蘇秦，領導了第三次合縱。

蘇秦

合縱一時爽，一直合縱一直爽！

📖 蘇秦遊說齊、趙、魏、韓、燕五國，讓他們派出十幾萬人的聯軍，於西元前二八七年直奔秦國。

全軍出擊！

📖 秦國知道自己頂不住了，二話不說高舉雙手認輸。

但蘇秦可能是想拉個合縱聯盟也不容易呀，這仗還打沒兩場就解散，實在太浪費了！

於是他竟然直接拉秦國進來，踢走齊國。

於是，局勢從五國合縱攻秦，瞬間變成五國合縱攻齊。

齊國人壓根沒想到會這樣，被打得丟盔棄甲，曾經的三巨頭之一很快淪落到只剩兩座城的慘狀。

從瞬間反轉的局勢，大家應該可以看出來……

這幫縱橫家不執著於滅掉哪國，也不執著於幫哪國變強。

他們根本就是在享受指點江山、操縱天下的快感！

但在縱橫家一場又一場的遊戲裡，戰國的歷史走向確確實實被改寫了。

三巨頭中的秦國，雖然幾次慘遭圍攻，割地求和，但吐出去的地，也都是之前從別人那裡搶的，所以等於沒有傷到自家的基業。

哼！留得青山在，不怕沒柴燒！

🦪 而齊、楚卻在連年的戰爭中，慢慢耗空自己的國力。

🦪 此消彼長，秦國的相對實力進一步增強，成為戰國七雄之首。

 但這對秦國來說也是件壞事，因為一家獨大，其他六國都看在眼裡。

 秦國如果想一統天下，其他國家可不會乖乖就範，他們會比之前更加團結⋯⋯把戰國時代，推向最終的結局！

9

戰國篇（下）

以一敵六，第一個超級大魔王登場

經歷幾次合縱連橫後，戰國的局勢變成秦國一家獨大，其他六國則抱團取暖。

對夢想著統一天下的秦國來說，六國加在一起就是一塊很難啃的骨頭，不知道從哪裡下嘴比較好，說不定牙齒還會咬斷。

就在秦國上下都為這事發愁時，一個叫范雎的人跑了過來。
他對秦國國君說了四個字：

遠交近攻

范雎

范雎口中的遠交近攻，就是秦國應該先結交離自己較遠的國家。
如燕國、齊國，討好、麻痺他們，讓這些國家不要與秦國為敵。

📖 然後秦國再發兵攻打離自己比較近的國家，像隔壁的魏、韓、趙。

📖 為何要這樣做呢？因為范雎覺得，要進攻遠方的國家，由於地盤沒有直接相連，秦軍必須借道近處的國家，容易半路被人陰。

就算你打勝仗，拿下幾座城池，也離秦國太遠，很難長期守住。

但對付近處的韓、魏、趙就不一樣了，反正就在隔壁，要打的話朝發夕至。

奪過來的地盤也容易守住，步步蠶食，非常穩。

范雎這麼一比畫，秦國人恍然大悟，決定就按他說的辦！

🍙 秦國首先送錢、送禮給齊國，結成同盟，又和燕國眉來眼去。西元前二六五年，派大軍入侵旁邊的韓國。

由於事先搞好關係，齊國、燕國沒有跑來救援，坐視韓國被按在地上揍，大片土地落入秦國之手。

西元前二六〇年，秦軍又找藉口攻打趙國，但這回情況有點棘手。

因為趙國派出老將廉頗迎戰，他命令手下不許主動出擊，僅固守防線和秦軍耗著，秦軍畢竟客場作戰，被廉頗這一招整得有點頭痛。

但有時軍隊辦不到的事情，謀士反而能辦到，范睢先生又跑來救場了！

他派人到趙國散布謠言，說秦軍根本不怕廉頗這種貨色，只怕一個叫趙括的「猛將」。結果趙國國君信以為真，真的用趙括取代廉頗。

趙括看了一堆兵書，卻沒實戰經驗，結果被打得慘敗。

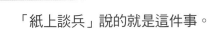

「紙上談兵」說的就是這件事。

對其他國君來說，這封戰報只能用駭人聽聞來形容，下一個被活埋的很可能就是自己。

於是大夥又考慮起之前用過的老套路——合縱。

西元前二五九年，秦國對奄奄一息的趙國揮起拳頭，包圍趙國的都城，準備送他上路。

魏、楚兩國立即合縱，難得從秦軍身上拿到一次大勝。
不僅替趙國解圍，還把秦軍趕回老家。

而這次合縱能贏的主要原因，還是決策者比較英明。

戰國時代有四個能人，信陵君、平原君、春申君、孟嘗君。

他們非常擅長謀劃，還養了一大堆有才的門客做參謀，被稱為「戰國四公子」。

策劃這次合縱抗秦的是平原君、春申君、信陵君。「F4」出動三個來指揮，你說贏不贏？

這次你們三個去綽綽有餘了！

對秦國來說，這一口確實沒咬好。

所幸牙沒掉，實力還在，先歇個十來年，招點新兵，聘點猛將，再繼續啃骨頭吧。

而休養生息的這些年，秦國迎來新國君。西元前二四六年，十三歲的嬴政繼承秦國王位。

眾所周知，他就是後來君臨天下的秦始皇。

但對年幼的嬴政來說，生活不怎麼幸福。

十幾年前，趙太后還叫趙姬。
她曾是趙國第一美女，和一位叫呂不韋的富商在一起過。

🪨 趙姬後來才嫁給嬴政他爹，而且嫁過去沒多久就生下嬴政。

🪨 按一些古書記載，嬴政確實是秦國王族的血脈。
　　但《史記》的說法是，趙姬嫁過去時，其實已經懷孕了。

👄 嬴政他爹去世後，趙太后與呂不韋還有來往……

👄 趙太后後來還生了兩個男嬰……

別人要聽說家裡出了這種事，早就氣暈了。

也虧得贏政心理素質過硬，一直忍著沒有發作，從十三歲熬到二十二歲。

後來，趙太后有些為所欲為，甚至密謀把贏政趕下臺。

別的可以忍，搶王位絕對不能忍！嬴政把叛軍滅個一乾二淨。

嬴政還以這件事為藉口，怪罪呂不韋這個相國沒管好秦國，將他貶到蜀中。之後，呂不韋接到旨意，飲鴆而亡。

收拾乾淨這幫礙眼的傢伙後，嬴政終於坐穩位子。

而秦國經過十幾年的休養、準備，也進入最佳狀態。

大王！軍隊已經整裝待發！

於是他下令秦軍出擊，準備徹底滅掉其他六國。

秦國歷代國君統一天下的大願，將在這個年輕人手裡實現！

給我踏平他們！！！

鑑於「戰國 F4」都已經老去，沒人來指揮合縱。

戰局可以大致概括為 ——

只要秦軍敢打過來，
我就敢死給你看……

秦軍進攻路線

關於最後一個掛掉的齊國，
還有點趣事。

秦國實行遠交近攻策略後，齊國一直是主要拉攏對象，年年收錢收禮，開心得不得了。其他五國合縱攻秦，齊國打死不參加。

秦國消滅其他五國，齊國也當作沒看見，連整軍備戰都懶得做。

大王，五國又發來邀請了！

秦老哥早上剛送一批珠寶過來，我還忙著清點呢！

不去不去！

秦軍滅齊時，就和回自己家一樣，根本沒遇到什麼抵抗，據說百姓都夾道歡迎秦軍……

秦軍在戰場上如秋風掃落葉，基本上沒碰到什麼大麻煩……

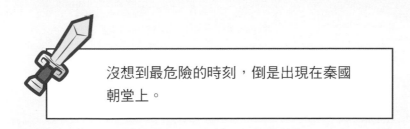

沒想到最危險的時刻，倒是出現在秦國朝堂上。

燕國派刺客荊軻，假借獻禮的名義接近嬴政。荊軻掏出藏在禮物裡的匕首，直接捅了過去。

🪨 當時朝堂上沒有衛士，嬴政的配劍又因為太長拔不出來。他就這麼被荊軻公然追殺，圍著朝堂的一根柱子轉。

　　著名的「秦王繞柱」就這麼來的，這大概是嬴政一生中，最丟臉、最不想回憶的時刻吧。

🪨 還好有機智的大臣喊出「大王背劍，背劍啊」，嬴政把劍轉到背後才拔出來，然後砍翻荊軻。

荊軻只差一點點就能改寫歷史，但最終功虧一簣。

西元前二二一年，秦朝建立，嬴政君臨天下，世稱「始皇帝」。

 春秋戰國漫長的紛爭，由嬴政親手放下帷幕。

五百多年時間裡，有記載的大規模戰爭超過六百次！
不算春秋時代，光戰國時就有二百萬士兵死在沙場上⋯⋯

在嬴政眼裡，他結束了無窮無盡的戰亂，是帶來和平的偉大皇帝。
曾經互相為敵的人，如今都是他的子民。

從現在起，大家都是秦國人！
以後要相親相愛！不許打架了！

但這份榮譽背後是沉重的擔子，因為過去從未有哪位君王，管理過這麼多
老百姓，統治過這麼大的國家。

而這一切都要靠嬴政
自己去摸索。

【未完待續⋯⋯】

FUN 系列 091

王朝劇場直播中 1
賽雷三分鐘漫畫中國史【夏朝～春秋戰國】

作　　者 — 賽雷
主　　編 — 邱憶伶
責任編輯 — 陳映儒
行銷企畫 — 林欣梅
封面設計 — 兒日
內頁排版 — 張靜怡

編輯總監 — 蘇清霖
董 事 長 — 趙政岷
出 版 者 — 時報文化出版企業股份有限公司
　　　　　　108019 臺北市和平西路三段 240 號 3 樓
　　　　　　發行專線 — (02) 2306-6842
　　　　　　讀者服務專線 — 0800-231-705・(02) 2304-7103
　　　　　　讀者服務傳真 — (02) 2304-6858
　　　　　　郵撥 — 19344724 時報文化出版公司
　　　　　　信箱 — 10899 臺北華江橋郵局第 99 信箱
時報悅讀網 — http://www.readingtimes.com.tw
電子郵件信箱 — newstudy@readingtimes.com.tw
時報出版愛讀者粉絲團 — https://www.facebook.com/readingtimes.2
法律顧問 — 理律法律事務所　陳長文律師、李念祖律師
印　　刷 — 華展印刷有限公司
初版一刷 — 2022 年 12 月 16 日
定　　價 — 新臺幣 380 元
（缺頁或破損的書，請寄回更換）

時報文化出版公司成立於一九七五年，
一九九九年股票上櫃公開發行，二〇〇八年脫離中時集團非屬旺中，
以「尊重智慧與創意的文化事業」為信念。

王朝劇場直播中 1：賽雷三分鐘漫畫中國史
【夏朝～春秋戰國】／賽雷著 . -- 初版 . --
臺北市：時報文化出版企業股份有限公司，
2022.12
224 面；14.8×21 公分 . -- (Fun 系列；91)
ISBN 978-626-353-214-4（平裝）

1. CST：中國史　2. CST：通俗史話
3. CST：漫畫

610.9　　　　　　　　　　111019072

本作品中文繁體版通過成都天鳶文化
傳播有限公司代理，經中南博集天卷
文化傳媒有限公司授予時報文化出版
企業股份有限公司獨家發行，非經書
面同意，不得以任何形式，任意重製
轉載。

ISBN 978-626-353-214-4
Printed in Taiwan